ANUEL PRATIQUE

OU

RECUEIL DE CONNAISSANCES USUELLES

CONCERNANT

LES ACTES DE L'ÉTAT-CIVIL

(Lois du 20 juin 1896 et du 17 août 1897)

L'EXTRAIT DU CASIER JUDICIAIRE

LA RÉHABILITATION

(Loi du 10 mars 1898)

A L'USAGE DES MAIRES, INSTITUTEURS, SECRÉTAIRES DE MAIRIES

COMMIS-GREFFIERS, EMPLOYÉS D'ADMINISTRATIONS, ETC.

SUIVI D'UN

RÉSUMÉ DES FORMALITÉS A REMPLIR

POUR LA RECONSTITUTION

DES TITRES PERDUS OU DÉROBÉS

(Loi du 15 juin 1872)

PAR

HENRI GUILLON

COMMIS - GREFFIER PRÈS LE TRIBUNAL CIVIL DE SENS

A SENS

EN VENTE CHEZ L'AUTEUR

MANUEL PRATIQUE

OU

RECUEIL DE CONNAISSANCES USUELLES

CONCERNANT

LES ACTES DE L'ÉTAT-CIVIL

(Lois du 20 juin 1896 et du 17 août 1897)

L'EXTRAIT DU CASIER JUDICIAIRE

LA RÉHABILITATION

(Loi du 10 mars 1898)

A L'USAGE DES MAIRES, INSTITUTEURS, SECRÉTAIRES DE MAIRIES

COMMIS-GREFFIERS, EMPLOYÉS D'ADMINISTRATIONS, ETC.

SUIVI D'UN

RÉSUMÉ DES FORMALITÉS A REMPLIR

POUR LA RECONSTITUTION

DES TITRES PERDUS OU DÉROBÉS

(Loi du 15 juin 1872)

PAR

HENRI GUILLON

COMMIS - GREFFIER PRÈS LE TRIBUNAL CIVIL DE SENS

A SENS

EN VENTE CHEZ L'AUTEUR

AVERTISSEMENT

Ce modeste recueil de connaissances usuelles s'adresse particulièrement aux Maires, Secrétaires de mairies, Instituteurs, Commis-Greffiers, etc., à tous ceux qui ont besoin de trouver sous leur main, résumés, codifiés aussi succinctement que possible, les renseignements nécessaires à la rédaction des actes de l'état civil, avec la solution des questions multiples qui s'y rattachent.

Nous croyons faire œuvre utile en leur présentant une étude sommaire des plus importantes de ces questions considérées surtout au point de vue de l'application des lois nouvelles du 20 juin 1896 et du 17 août 1897, dont nous avons cherché à donner l'interprétation la plus rationnelle, avec modèles et formules à l'appui.

Nous espérons que le public spécial à qui nous nous adressons accueillera favorablement cet opuscule; nous n'avons poursuivi qu'un but, en le lui offrant, lui rendre service, et notre unique ambition, comme aussi notre seule satisfaction, serait de réussir à lui faciliter sa tâche parfois ingrate.

H. G.

I

DES ACTES DE L'ÉTAT CIVIL

Observations préliminaires. — Les actes de l'état civil ne doivent présenter ni *abréviation,* ni *interligne,* ni *surcharge.*

Les renvois et les mots rayés comme nuls doivent être portés en marge et non au pied des actes ; ils doivent être approuvés par tous les signataires indistinctement, par *signatures* et non par *paraphes.* Leur nombre en sera mentionné en lettres, non en chiffres.

Les expéditions des actes de l'état civil, sans qu'il y ait à distinguer entre les actes de naissance, de mariage ou de décès, seront datées en toutes lettres ; celles des actes de naissance à produire en vue du mariage (art. 70, C. civ.) ne doivent pas remonter à plus de trois mois, si elles ont été délivrées en France, et à plus de six mois, si elles ont été délivrées dans les colonies ou dans un consulat. Il s'agit là des trois mois ou des six mois qui précèdent le jour de la célébration du mariage. Tout acte de naissance délivré antérieurement est, en principe, écarté. *(Loi du 17 août 1897.)*

SECTION I

MENTIONS A INSCRIRE EN MARGE DES ACTES DE L'ÉTAT CIVIL

Reconnaissance ou légitimation. — La reconnaissance ou la légitimation par mariage de l'enfant naturel doit être inscrite en marge de son acte de naissance. *(Voir mentions ci-après, formules 1 et 2, page 8.)*

Mariage. — De même aujourd'hui, depuis la loi du 17 août 1897, le mariage doit être mentionné en marge de l'acte de naissance de chacun des époux, dans le double but de compléter leur état civil et d'empêcher la bigamie. *(Voir mentions ci-après, formule 3, page 8.)*

Divorce. — La loi exige que le *dispositif* du jugement prononçant le divorce soit transcrit sur les registres courants des mariages de la commune où le mariage a été célébré, et qu'en même temps mention en soit faite tant à la mairie qu'au greffe en marge de l'acte de mariage des époux (art. 251 et 252, C. civ. *Loi du 18 avril 1886 ;* art. 1er.) *(Voir mentions ci-après, formule 4, page 9.)* Si le mariage a été célébré à l'étranger, la transcription est faite sur les registres de l'état civil du lieu où les époux avaient leur dernier domicile et mention est faite en marge de l'acte de mariage, s'il a été transcrit en France.

Rectification des actes de l'état civil. — En même temps que le jugement portant rectification d'un acte de l'état civil est transcrit sur les registres de l'année courante, mention dudit jugement doit être inscrite en marge de l'acte réformé. (*Voir formule 5, page 9.*)

SECTION II

TRANSCRIPTION DES JUGEMENTS OU ARRÊTS

§ I. — *Jugement ou arrêt de divorce*

Par qui tout d'abord doit être faite la réquisition, à fin de transcription sur les registres, adressée à l'officier de l'état civil?

A quel moment cette transcription doit-elle être opérée?

Qu'entend-on exactement par *dispositif* du jugement?

La réquisition doit être faite à la diligence de la partie qui a obtenu le divorce, et ce, dans un délai de deux mois, à partir du jour où la décision est devenue définitive (art. 252, C. civ.).

La transcription est faite, porte le même article, par les soins de l'officier de l'état civil, le cinquième jour de la réquisition, non compris les jours fériés, sous les peines édictées par l'article 50 du Code civil. Elle ne doit avoir lieu ni *avant* ni *après*.

Le législateur a voulu, en effet, que l'époux qui a obtenu le divorce pût, s'il était pris d'un dernier scrupule, revenir encore sur sa décision, la transcription étant la dernière formalité nécessaire pour rendre le jugement ou l'arrêt irrévocable.

Comment donc l'officier de l'état civil pourra-t-il se rendre compte si le jugement ou arrêt prononçant le divorce est définitif?

I° *Il s'agit d'un jugement :*

Le jugement peut être *contradictoire* ou *par défaut :*

1° Il est contradictoire :

Ici, pas de difficulté : le délai pour interjeter appel étant de deux mois, à compter de la signification à partie, le jugement devient définitif à l'expiration de ce délai.

2° Il est par défaut *contre avoué* ou *contre partie :*

Dans le premier cas, le délai pour former opposition étant de huitaine à partir de la signification à avoué, et le délai d'appel étant ensuite de deux mois, le jugement ne devient définitif qu'à l'expiration de ce dernier délai.

Dans le second cas, le jugement signifié par huissier-commis peut l'être soit à la *personne*, soit au *domicile* de la partie défaillante.

S'il est signifié *à la personne même*, le délai pour former opposition n'est que d'un mois à compter du jour de la signification ; s'il est, au contraire, signifié à *domicile seulement*, le délai pour former opposition est de huit mois, commençant à courir à dater du dernier acte de publicité dans les journaux. A ces délais, vient s'ajouter celui pour interjeter appel, qui est de deux mois, de telle sorte que le *délai total*, à l'expiration duquel le jugement devient définitif, est de *trois mois*, à dater de la signification, s'il a été signifié *à personne*, et de *dix mois*, à compter du jour du dernier acte de publicité dans les journaux, s'il a été signifié *à domicile seulement*.

2ent *Il s'agit d'un arrêt :*

Les mêmes cas peuvent se présenter.

L'arrêt peut être *contradictoire* ou *par défaut :*

Il est contradictoire :

L'arrêt n'est définitif qu'à l'expiration du délai de deux mois ouvert pour se pourvoir en cassation, à compter de la signification à partie.

Il est par défaut *contre avoué* ou *contre partie :*

Dans ces deux cas, les délais nécessaires pour rendre l'arrêt définitif sont les mêmes que pour les jugements de première instance, avec cette différence que le délai de deux mois pour interjeter appel est ici remplacé par le délai de deux mois pour se pourvoir en cassation.

Du reste, le certificat de signification délivré par l'avoué, en conformité des articles 252 du Code civil et 548 du Code de procédure civile, doit mentionner, dans le cas de jugement ou d'arrêt *par défaut*, si le jugement a été signifié *à la personne même* ou *au domicile* du défaillant, et, dans ce dernier cas, énoncer la date de la dernière publication du jugement ou de l'arrêt dans les journaux.

S'il n'y a eu ni opposition ni appel contre le jugement de première instance, un autre certificat qui le constate, est délivré par le greffier du Tribunal.

Sur le vu de ces certificats, le maire se rendra compte si le jugement ou arrêt est bien définitif, au vœu de l'art. 252 du Code civil, et s'il peut procéder à la transcription sur les registres, ainsi qu'il en est requis.

Le même article dispose qu'à défaut par la partie, qui a obtenu le divorce, de faire au maire la signification dans le premier mois après le jugement ou l'arrêt définitif, l'autre partie a le droit, concur-

remment avec elle, de faire cette signification dans le mois suivant.

Il importe donc encore, à ce point de vue, que le maire sache bien exactement à quelle époque le jugement ou arrêt est devenu définitif, afin qu'il puisse se rendre compte si l'époux qui le requiert de transcrire, se trouve encore dans les *délais légaux*, et s'il doit, par suite, procéder à la transcription.

Rappelons en passant que, d'après l'article 310 du Code civil, lorsque la séparation de corps aura duré trois ans, le jugement qui l'a prononcée pourra être converti en jugement de divorce sur la demande formée par l'un des époux.

Qu'entend-on exactement par *dispositif* du jugement de divorce et que faut-il transcrire pour satisfaire au vœu de la loi?

Le maire ne doit transcrire que la partie du jugement ou de l'arrêt qui suit les mots : « *Par ces motifs*, » jusqu'à ceux-ci : « *Ainsi fait, jugé et prononcé*, etc. » (Voir modèle ci-après, page 7,

§ II. — *Jugements ou arrêts rectificatifs des actes de l'état civil*

Lorsqu'il s'agit de jugements ou arrêts portant rectification d'actes de l'état civil, l'expédition, en forme de grosse, doit être transcrite littéralement et in extenso sur les registres courants de l'état civil, sans en rien omettre ni retrancher (art. 101 du C. civ.) ; il importe, en effet, que les jugements ou arrêts ne soient pas tronqués. Il en est de même pour les arrêts d'adoption.

On doit faire suivre la transcription de cette mention : *Transcrit littéralement par nous, maire, officier de l'état civil de la commune de   , sur la grosse conforme, le   mil huit cent quatre-vingt*   .

L'officier de l'état civil.
(Signature.)

SECTION III

DES DIFFICULTÉS DANS L'INSCRIPTION DES MENTIONS DES SUPPLÉMENTS AUX REGISTRES DE L'ÉTAT CIVIL

L'application de la loi du 17 août 1897 a donné lieu à des difficultés d'ordre matériel résultant de l'insuffisance des marges ménagées sur les registres de l'état civil.

Pour y remédier dans la mesure du possible, le Garde des Sceaux a autorisé les officiers de l'état civil à reporter à la fin du registre, sur les feuilles restées libres et au besoin, sur des feuilles de timbre ajoutées à cet effet, les mentions qui n'avaient pu trouver place en marge de l'acte auquel elles s'appliquent.

Dans ce cas, un renvoi mis en marge de l'acte révèle l'existence de la mention et permet de s'y référer.

Lorsque les registres de l'état civil sont eux-mêmes insuffisants pour recevoir tous les actes de l'année courante, les officiers de l'état civil peuvent y ajouter le nombre de feuilles de timbre qu'ils jugent nécessaires, en ayant soin de les faire préalablement coter et parapher par le président du Tribunal.

Le premier feuillet de chaque supplément doit porter en tête la mention suivante :

Le présent supplément, composé de   feuillets, celui-ci compris, a été coté et paraphé par nous, Président du Tribunal civil de   , pour être annexé au registre des   en usage dans la commune de ˮ   , pendant l'année mil huit cent quatre

A   , le   mil huit cent quatre-vingt

Le Président,

(Signature.)

MODÈLE

DE TRANSCRIPTION D'UN JUGEMENT DE DIVORCE

L'an   , le   , à   (heure), nous   , maire de   , officier de l'état civil par délégation ; vu : primo : la signification à nous faite le   , de la grosse d'un jugement rendu (contradictoirement ou par défaut) *par le Tribunal civil de   , le   , entre le sieur   , demeurant à   , d'une part, et la dame   , son épouse, demeurant de droit avec lui, mais résidant de fait à   , d'autre part ; — Secundo : la grosse dudit jugement ; — Tertio : le certificat de l'avoué poursuivant, en date du   , enregistré, constatant que le jugement a été signifié à la dame   , le   ; — Quarto : le certificat du greffier du Tribunal civil de   , en date du   , enregistré, constatant qu'il n'existe contre ledit jugement aucune mention d'opposition ou d'appel ; — Quinto : la réquisition à nous faite par le sieur   , à la date du   , aux fins de transcription dudit jugement, lesdites pièces par nous paraphées et annexées ; — Avons extrait dudit jugement et transcrit littéralement ce qui suit :*

Le Tribunal, après avoir entendu les avoués des parties en leurs conclusions et plaidoiries, M. le Procureur de la République en ses conclusions orales, et en avoir délibéré conformément à la loi ;

Statuant publiquement et en premier ressort ;

Par les motifs déduits en la grosse dudit jugement ;

(Copier ensuite ce qui vient après les mots : Par ces motifs, jusqu'à :
Ainsi fait, jugé et prononcé en l'audience du   .)

Prononce le divorce entre le sieur   et la dame
           etc.

Pour extrait conforme,
L'officier de l'état civil,
(Signature.)

MENTIONS

Formule n° 1

MENTION DE RECONNAISSANCE D'UN ENFANT NATUREL

Par acte dressé à la mairie de   , le
(nom et prénoms du père, et (s'il y a lieu) nom et prénoms de la mère)
ont (ou a reconnu pour leur (ou son) fils (ou sa) fille l'enfant dont la
naissance est constatée dans l'acte ci-contre.

Dont mention faite par nous, officier de l'état civil, le   .
(Signature.)

Formule n° 2

MENTION DE LÉGITIMATION D'UN ENFANT NATUREL

Dans l'acte de leur mariage, célébré à la mairie de   , le
           (ou dans l'acte de leur mariage célébré à   ,
le   , et transcrit à la mairie de   , le   ),
(noms et prénoms des époux), ont reconnu et légitimé, par suite de
leur union, l'enfant dont la naissance est constatée dans l'acte ci-
contre.

Dont mention faite par nous, officier de l'état civil, le   .
(Signature.)

Formule n° 2

MENTION DE MARIAGE EN MARGE DE L'ACTE DE NAISSANCE DES ÉPOUX

Par acte en date du (la date en toutes lettres), inscrit (ou transcrit),
le   , à la mairie de   , (nom et prénoms), dont la
naissance est constatée dans l'acte ci-contre, a contracté mariage avec
(nom et prénoms .

Dont mention faite par nous, officier de l'état civil, le   .
(Signature.)

Nota -- Cette formule comme la formule n° 2, prévoit à la fois le cas où le mariage
a été célébré en France ou en Algérie, et celui où il y a transcription, en France,
d'un mariage célébré à l'étranger

Formule n° 4

MENTION DE DIVORCE EN MARGE DE L'ACTE DE MARIAGE

Suivant jugement du Tribunal civil de   (ou arrêt de la
Cour d'appel de   ), en date du   , transcrit le
*   , a été prononcé le divorce entre (noms et prénoms*
des époux), dont le mariage est constaté dans l'acte ci-contre.
Dont mention faite par nous, officier de l'état civil, le   .

(Signature.)

Formule n° 5

Suivant jugement rendu par le Tribunal civil de   , le
*   mil huit cent quatre vingt-   , l'acte ci-contre a été*
rectifié en ce sens que l'enfant doit être prénommé   , au lieu
de   , et que le nom de la mère doit être orthographié
*   au lieu de   .*
Dont mention faite par nous, officier de l'état civil, le   .

(Signature.)

II

DES ACTES DE MARIAGE
ET DES QUESTIONS QUI S'Y RATTACHENT

SECTION I

DU LIEU OU LE MARIAGE PEUT ÊTRE CÉLÉBRÉ

La question du domicile et, par suite, du lieu où le mariage peut être célébré présente parfois certaines difficultés.

Pour être traitée clairement, elle exigerait des développements que ne comporte pas notre cadre restreint. Nous allons toutefois examiner les différents cas qui peuvent se présenter et donner les solutions qui nous paraissent le plus conformes au texte et à l'esprit de la loi.

L'article 74 du Code civil dispose : « Le mariage sera célébré dans la commune où l'un des époux a son domicile. Ce domicile, quant au mariage, s'établit par six mois d'habitation continue dans la même commune. »

D'après l'article 165 : « Le mariage sera célébré publiquement devant l'officier du domicile de l'une des parties. »

A première vue ces deux dispositions de la loi paraissent contradictoires : la pensée du législateur échappe. Mais l'article 167, rapproché de l'article 165 éclaire la question.

Il montre que la faculté de célébrer son mariage dans le lieu où l'on a six mois de résidence n'est pas exclusive du droit de le célébrer dans le lieu où l'on a son domicile ordinaire. « Le mariage, porte l'article 165, sera célébré devant l'officier du domicile de l'une des parties. » *Néanmoins,* ajoute l'article 167, si le domicile actuel n'est établi que par six mois de résidence, les publications seront faites, en outre, à la municipalité du dernier domicile.

Le législateur envisage le cas où le mariage aura lieu, conformément à l'article 74, dans la commune où l'un des époux aura seulement six mois de résidence et il y met cette condition *spéciale* et *nécessaire* que les publications seront faites, en outre, à la municipalité du dernier domicile.

Il en résulte incontestablement que l'on peut se marier dans le lieu où l'on a son domicile ordinaire, lequel du reste peut s'acquérir pour ainsi dire instantanément et, de plus, par une faveur spéciale de la loi, au lieu où l'on a au moins six mois de simple résidence. La disposition de l'article 74 a eu évidemment pour but de faciliter le mariage.

Cette question préliminaire résolue, abordons celle du domicile.

Toute personne a un domicile, soit d'*origine,* soit *acquis,* soit enfin *établi par la loi.*

1o *Domicile d'origine :*

L'enfant légitime a son domicile chez son père, et à défaut du père, chez sa mère.

L'enfant naturel a le sien chez le père ou la mère qui l'a reconnu. S'il a été reconnu par l'un et l'autre, il est domicilié chez son père dont il porte le nom. S'il n'a été reconnu ni par l'un ni par l'autre, il a son domicile dans l'hospice où il a été placé, ou chez son tuteur, si on lui en a nommé un. S'il a été recueilli par une personne qui en prend soin et avec laquelle il habite, il est alors domicilié chez elle, car c'est là qu'il a son principal établissement.

2o *Domicile acquis :*

D'après l'article 102 du Code civil, le domicile de tout Français, quant à l'exercice de ses droits civils, est au lieu où il a son principal établissement.

Le mineur *non émancipé* conserve, qu'il le veuille ou non, son domicile d'origine.

La loi confiant au mineur *émancipé* le gouvernement de sa personne et de ses biens lui donne, par cela même, la faculté, *qui appartient au majeur* de se choisir un autre domicile (art. 108 c. c. *a contrario*).

Pour cela, deux conditions sont exigées : 1o habitation réelle dans un autre lieu; 2o intention d'y fixer son principal établissement.

. La première condition est facile à vérifier ; la seconde, l'intention de fixer son domicile dans un autre lieu, résulte aux termes de l'article 104 du Code civil, d'une déclaration expresse, faite tant à la mairie du lieu qu'on quittera, qu'à celle du lieu où l'on aura transféré son domicile. La déclaration à l'une des mairies ne suffirait donc pas.

A défaut de cette double déclaration, la preuve de l'intention résultera des circonstances (art. 105 C. civ.); nous citerons particulièrement les suivantes :

1o La personne a, dans la localité nouvelle où elle habite, participé aux avantages que la loi attache au domicile ;

2o Elle y a, sans contestation, payé sa contribution personnelle, laquelle n'est due que dans la commune du domicile réel *(loi du 21 avril 1832*, art. 13) ;

3o Elle a comparu, en matière personnelle ou mobilière, devant le tribunal du lieu où elle habite actuellement, sans demander son renvoi devant le tribunal du lieu de son ancien domicile ;

4o Elle a vendu tous les biens qu'elle avait à son ancien domicile et elle en a acquis au lieu de son habitation nouvelle ; toute sa famille l'y a suivie.

Le concours de ces deux conditions : le fait de l'habitation réelle dans un autre lieu, joint à l'intention de s'y fixer, est indispensable pour opérer le changement de domicile. (Cass. 9 juin 1830, 6 nov. 1832, 25 août 1835, etc.)

3o *Domicile établi par la loi.*

La loi fixe elle-même le domicile de certaines personnes.

Ainsi, d'après l'article 107 du Code civil, l'acceptation de fonctions *conférées à vie* emporte translation immédiate du domicile du fonctionnaire dans le lieu où il doit exercer ces fonctions.

Remarquons les termes de la loi, fonctions *conférées à vie;* c'est-à-dire fonctions perpétuelles et irrévocables, comme celles de juge de tribunal, de conseiller dans une cour d'appel.

Pour ces fonctionnaires, le transport du domicile a lieu instantanément, c'est-à-dire avant même qu'ils soient arrivés dans le lieu où leurs fonctions les appellent.

Quant au fonctionnaire nommé pour un temps limité et *révocable*, il conservera, d'après l'art. 106, le domicile qu'il avait auparavant, s'il n'a pas manifesté d'intention contraire.

Ainsi ce fonctionnaire conserve son ancien domicile, à moins pourtant que d'autres circonstances, jointes à celles de l'acceptation de la fonction dont il a été investi, n'établissent clairement qu'il a eu l'intention d'avoir son principal établissement dans le lieu même où il doit remplir son devoir de fonctionnaire.

La preuve qu'un fonctionnaire *révocable* ou *amovible* n'a pas entendu changer de domicile en se rendant au lieu où il exerce ses fonctions, résulte des circonstances dont l'appréciation appartient souverainement aux juges du fait. *(Cass., 28 mai 1872.)*

Le mineur *non émancipé*, avons-nous dit plus haut, a son domicile chez ses père et mère ou tuteur (art. 108 du C. civ.).

Quant au majeur *interdit*, il a, comme le mineur, son domicile chez son tuteur.

Les majeurs et par analogie les mineurs émancipés qui servent ou travaillent habituellement chez autrui ont le même domicile que la personne qu'ils servent ou chez laquelle ils travaillent lorsqu'ils demeurent avec elle, dans la même maison (art. 109 du C. civ).

Les ouvriers ou domestiques ont donc leur domicile chez leur maître lorsque ces trois conditions concourent. Il faut : 1º qu'ils soient capables de choisir leur domicile; 2º qu'ils travaillent habituellement chez leur maître; 3º qu'ils habitent avec lui.

Les ouvriers ou employés majeurs qui restent à bord des bateaux, navires, etc., ont leur domicile au port d'attache de ces bâtiments.

Les militaires n'ont pas autant de domiciles qu'ils parcourent de lieux de garnison ou de station ; ils conservent le domicile d'origine, c'est-à-dire paternel, tant qu'ils n'ont pas indiqué d'une manière expresse et positive, leur intention de le remplacer. (*Voir* DALLOZ, *Domicile*, § 3 — 48.)

La même solution est applicable aux marins qui conservent également leur domicile d'origine, jusqu'à manifestation d'intention contraire.

SECTION II

DES PUBLICATIONS

La loi exige que deux publications du mariage soient faites à huit jours d'intervalle, un jour de dimanche, à la porte de la maison commune du lieu où chacune des parties contractantes a son domicile (art. 63 et 166 du C. civ.).

Les publications doivent être faites :

1º Dans toutes les communes où le mariage peut être célébré, c'est-à-dire partout où les parties ont un domicile, quant au mariage ;

2º Dans toutes les communes où sont domiciliées les personnes sous la puissance desquelles les parties ou l'une d'elles se trouvent encore relativement au mariage.

Ces personnes sont celles qui ont le droit d'empêcher le mariage en refusant leur consentement, c'est-à-dire les ascendants du futur, lorsqu'il a moins de vingt-cinq ans, ou de la future, si elle a moins de vingt et un ans, ou le conseil de famille lorsque les parties n'ont point d'ascendants et qu'elles ont moins de vingt et un ans, ou bien encore le tuteur *ad hoc*, lorsqu'il s'agit d'un enfant naturel *mineur* de vingt et un ans. Il importe que ces personnes soient averties du projet de mariage, afin qu'elles puissent, si elles le jugent à propos, user de leur droit d'opposition.

Ici se pose cette question :

Dans quelle commune le conseil de famille a-t-il son domicile ?

Dans la commune où se trouve le domicile du tuteur.

Mais qu'entend-on précisément par domicile du tuteur ?

Ce domicile peut-il changer ou est-il indépendant des déplacements du tuteur? En d'autres termes, ce domicile de la tutelle a-t-il une assiette *fixe*, définitive? Peut-il, au contraire, être déplacé pendant le cours de la tutelle, soit par la mort, par la destitution ou l'exclusion du tuteur, ce qui donne ouverture à une autre tutelle, soit par le déplacement du domicile du tuteur?

D'après Valette et Demolombe :

1º Lorsque le tuteur originaire est remplacé par un autre tuteur, le domicile de la tutelle reste le même, quoique le nouveau tuteur ait un domicile autre que celui qu'avait le tuteur qu'il remplace;

2º Le domicile de la tutelle, une fois fixé par le domicile qu'avait le mineur au moment où la tutelle s'est ouverte, est désormais indépendant des nouveaux domiciles que le mineur pourra acquérir pendant le temps de sa minorité ; en d'autres termes, le domicile originaire de la tutelle ne change point, lorsque le tuteur et, par suite, le mineur changent de domicile. *(Voir également* AUBRY et RAU, t. I, § 92bis, note 1.)

C'est donc toujours au lieu où s'est ouverte la tutelle que se trouve fixé le domicile du tuteur, en ce qui concerne le conseil de famille.

Du principe énoncé ci-dessus il résulte que les publications peuvent être nécessaires dans *huit communes*. Chacune des parties peut, en effet, avoir un domicile réel et une résidence actuelle de six mois en deux communes différentes, puis deux ascendants également domiciliés séparément, ce qui peut porter à quatre pour chacune des parties, et par conséquent, à huit pour elles deux, les communes où les publications doivent être faites.

Il est dressé acte des publications légales sur le registre à ce destiné, et si aucune opposition ne se produit, un certificat de non-opposition est délivré par le maire, et on passe outre au mariage, qui, rappelons-le, ne peut avoir lieu que le troisième jour depuis, et non compris celui de la seconde publication, c'est-à-dire que la dernière publication ayant été faite le dimanche, le mariage ne peut être célébré légalement que le mercredi suivant. Si le mariage n'a pas été célébré dans l'année, à compter de l'expiration du délai des publications, il ne peut plus l'être qu'après que de nouvelles publications ont été faites dans les formes légales. (MOURLON, *Répétitions écrites sur le Code civil*.)

SECTION III

DU CONSENTEMENT A MARIAGE

Aux termes de l'article 193 du Code pénal, l'officier de l'état civil qui a célébré un mariage, pour la validité duquel le consentement des ascendants ou de la famille était nécessaire, sans s'être assuré de ce consentement, est passible de 16 à 300 francs d'amende et d'un emprisonnement de six mois à un an.

Il est donc indispensable de savoir quelles sont les personnes dont le consentement est nécessaire et à quel moment le consentement peut être donné.

Les enfants *mineurs* de vingt et un ans, émancipés ou non, légitimes ou naturels, ne peuvent se marier qu'à la condition de faire compléter leur consentement par celui de leurs ascendants ou de leur famille.

Les *filles* majeures de vingt et un ans sont affranchies de cette condition ; leur consentement suffit.

Quant aux *fils* légitimes ou naturels, majeurs de vingt et un ans, une distinction est nécessaire.

S'ils n'ont pas d'ascendants, ou si leurs ascendants sont dans l'impossibilité de manifester leur volonté (interdiction judiciaire ou légale, internement, faiblesse d'esprit, absence, déchéance ou abandon de la puissance paternelle) point de consentement à demander ; la loi n'exige que le leur.

Dans le cas contraire, tant qu'ils n'ont pas vingt-cinq ans révolus, le consentement de leurs ascendants est indispensable.

Passons en revue les différentes hypothèses prévues par la loi :

1º *Le père et la mère existent et sont l'un et l'autre en état de manifester leur volonté.*

Leur consentement est exigé et nécessaire. En cas de *dissentiment*, le consentement du père suffit.

2º *Le père ou la mère est mort ou dans l'impossibilité de manifester sa volonté.*

Le consentement de l'autre suffit alors, mais sous la condition d'établir le décès ou l'impossibilité qui met le père ou la mère hors d'état de manifester sa volonté.

3º *Le père et la mère sont l'un et l'autre décédés ou dans l'impossibilité de manifester leur volonté.*

Leur pouvoir passe alors aux aïeuls et aïeules.

Divers cas peuvent se présenter :

PREMIER CAS. — *Il n'y a d'ascendants que dans l'une ou l'autre ligne.*

a) Si un seul ascendant existe, son consentement suffit.

b) S'il en existe deux, *à des degrés inégaux,* par exemple, *une aïeule et un bisaïeul,* le droit de consentir au mariage appartient exclusivement à l'ascendant le plus proche, à l'aïeule.

c) Si deux ascendants, *à des degrés égaux,* existent, par exemple, *l'aïeul et l'aïeule,* les choses se passent comme lorsque l'enfant a son père et sa mère. *En cas de dissentiment,* la volonté de l'aïeul l'emporte.

DEUXIÈME CAS. — *Des ascendants existent dans l'une et l'autre ligne.*

a) Si les ascendants existant dans l'une et l'autre ligne sont égaux en degrés, par exemple, *des aïeuls et des aïeules,* aucune des deux lignes n'exclut l'autre. *En cas de dissentiment entre elles,* le partage vaut consentement.

b) Dans l'hypothèse où des ascendants, *à des degrés inégaux,* existent dans les deux lignes, *aïeul ou aïeule* dans l'une, *bisaïeuls ou bisaïeules* dans l'autre, la ligne dans laquelle se trouvent les ascendants les plus proches n'exclut pas l'autre, le droit d'intervention est égal entre elles. *Ainsi la prépondérance du degré admise entre ascendants de la même ligne n'a pas lieu d'une ligne à l'autre.*

4º *Les pères et mères et les ascendants sont tous décédés ou dans l'impossibilité de manifester leur volonté.*

. Si le fils ou la fille qui veut se marier a plus de vingt et un ans, on passe outre au mariage ; s'il est mineur, il lui faut le consentement de son conseil de famille.

De l'enfant naturel. — La théorie ci-dessus est applicable à l'enfant naturel reconnu.

A-t-il été reconnu par ses père et mère ? si tous deux sont existants et en état de manifester leur volonté, il doit rapporter le consentement de l'un et de l'autre, et, *en cas de dissentiment*, le consentement du père suffit. N'a-t-il été reconnu que par l'un d'eux, ou l'un de ses auteurs est-il décédé ? le consentement de celui qui l'a reconnu ou qui existe suffit.

L'enfant naturel n'ayant, d'ailleurs, d'autres ascendants que ses père et mère, doit, lorsque ceux-ci sont décédés ou dans l'impossibilité de manifester leur volonté, ou, lorsqu'il n'a point été reconnu, demander, s'il a moins de vingt et un ans, le consentement d'un tuteur *ad hoc*, nommé par son conseil de famille (art. 159, C. civ.).

S'il se trouvait dans l'impossibilité de rapporter la preuve du décès de ses père et mère disparus sans laisser aucune trace et s'il ignorait le lieu de leur dernier domicile, il serait dans la nécessité absolue de s'adresser au Tribunal, pour faire constater cette impossibilité et obtenir l'autorisation de se marier avec le consentement d'un tuteur *ad hoc*, nommé par son conseil de famille (*par anologie avec l'art. 159 précité.*)

Déchéance ou abandon de la puissance paternelle. — Il peut arriver que l'ascendant dont le consentement est nécessaire ait été déclaré, par jugement, déchu de la puissance paternelle (*loi du 24 juillet 1889*), ou qu'il ait abandonné de lui-même ses droits sur un ou plusieurs de ses enfants mineurs. Dans ce cas, l'officier de l'état civil doit se faire représenter une expédition ou un extrait du jugement ou de l'arrêt établissant cette situation, afin de se rendre compte si l'ascendant a perdu le droit de consentir au mariage de ses enfants.

Quand doit être donné le consentement à mariage ? — Le consentement peut être donné au moment de la célébration du mariage verbalement à l'officier de l'état civil ou avant le mariage. Dans ce dernier cas, il est reçu par le notaire, ou, depuis la loi du 20 juin 1896, par le maire, qui, assisté de deux témoins certificateurs, en dresse acte en un seul exemplaire, sur une feuille de timbre de 60 centimes, sans qu'il lui soit dû aucune retribution pour la rédaction de l'acte. Sa signature doit être légalisée, coût, 25 centimes.

L'acte est enregistré au droit fixe de trois francs soixante-quinze centimes.

En raison du rôle tout spécial que la loi assigne aux témoins et qu'indique suffisamment l'épithète de *certificateurs*, les conditions auxquelles ils doivent satisfaire sont ici plus nombreuses que pour les témoins aux actes de l'état civil. Ils doivent être âgés de vingt et un ans, français, jouir de leurs droits civils et politiques, être domiciliés dans la commune, *savoir signer*, n'être ni parents ni alliés, en ligne directe, à tous les degrés, et, en ligne collatérale jusqu'au degré d'oncle et de neveu, tante ou nièce inclusivement, des déclarants ou du maire, non plus que de leurs domestiques ou serviteurs à gages. Ils doivent avoir, en outre, la capacité *physique ou naturelle*, c'est-à-dire que les aveugles, les sourds-muets, les gens privés de raison sont écartés.

Si les futurs sont indigents, sur le vu du certificat d'indigence, le maire doit rédiger l'acte sur papier libre, en ayant soin de mentionner dans l'acte que le certificat a été produit. Le tout est alors entièrement gratuit, y compris l'enregistrement.

SECTION IV

DES ACTES RESPECTUEUX ET DE L'ABSENCE DE L'ASCENDANT

A QUI DEVRAIT ÊTRE FAIT UN ACTE RESPECTUEUX

Le fils qui a vingt-cinq ans accomplis, la fille quand elle a vingt et un ans révolus, peuvent se marier à leur gré. Toutefois, ils doivent, avant de contracter mariage, requérir le conseil des ascendants dont le consentement leur serait nécessaire en cas de minorité : père et mère d'abord, à leur défaut, aïeux dans l'une et l'autre ligne, et, dans chacune d'elles, les plus proches en degré.

Si les ascendants, dont le conseil est requis, refusent leur approbation *amiable* au mariage, l'enfant doit leur notifier, par acte notarié, ce qu'on appelle un *acte respectueux*, et le maire ne peut passer outre à la célébration du mariage qu'un mois après la notification.

La loi exigeait autrefois plusieurs actes respectueux réitérés ; aujourd'hui, un seul suffit. (*Loi du 20 juin 1896.*)

Dans le cas d'absence de l'ascendant auquel devrait être fait l'acte respectueux, aux termes de l'article 155 du Code civil, il devra être passé outre au mariage, sous la condition de justifier de l'absence de l'ascendant au moyen :

Soit du jugement déclaratif d'absence ;

Soit du jugement ayant ordonné l'enquête prescrite par l'article 116 du Code civil ;

Soit enfin d'un acte de notoriété contenant la déclaration de quatre témoins désignés d'office par le juge de paix dans le ressort duquel l'ascendant a eu son dernier domicile.

Mais aux termes du même article, deuxième alinéa, il n'est pas nécessaire de produire l'acte de décès des père et mère des futurs mariés, lorsque les aïeuls ou aïeules de la branche à laquelle ils appartiennent attestent ce décès, et, dans ce cas, il doit être fait mention de leur attestation dans l'acte de mariage. C'est une disposition nouvelle introduite par le législateur de 1896 et applicable, remarquons-le bien, *à tous les majeurs et mineurs* indistinctement.

Le législateur de 1896 a innové sur un autre point. Lorsque les ascendants dont le consentement ou le conseil est requis sont décédés et si l'on est dans l'impossibilité de produire l'acte de décès ou la preuve de leur absence, faute de connaître leur dernier domicile, il sera procédé à la célébration du mariage des *majeurs* sur la déclaration à serment que le lieu du décès et celui du dernier domicile de leurs ascendants leur sont inconnus. Cette déclaration doit être certifiée aussi par serment des quatre témoins de l'acte de mariage, lesquels affirment que, quoiqu'ils connaissent les futurs époux, ils ignorent le lieu du décès de leurs ascendants et de leur dernier domicile. Les officiers de l'état civil doivent faire mention dans l'acte de mariage desdites déclarations.

Cette disposition favorable, qui ne peut toutefois être invoquée que par les *majeurs* de vingt et un ans *(c'est la majorité visée dans l'avis de thermidor)*, est la reproduction de l'avis du Conseil d'Etat du 4 thermidor an XIII, que le législateur de 1896 a voulu incorpo · rer dans la loi et qui forme aujourd'hui les 3ᵉ et 4ᵉ alinéas de l'article 155 nouveau du Code civil.

Quant au *mineur* de vingt et un ans qui se trouve dans l'impossibilité ci-dessus visée, il doit nécessairement, s'il n'est déjà intervenu un jugement, s'adresser au Tribunal qui constatera l'impossibilité où il se trouve et pourra l'autoriser à contracter mariage avec le consentement des autres ascendants, s'il en existe, ou, à leur défaut, du conseil de famille. (Voir *Commentaire de la loi de 1896*, par MM. GRANDJEAN et GLARD.)

SECTION V
DES DISPENSES D'AGE, DE PARENTÉ OU D'ALLIANCE

L'article 162 du Code civil porte que « le mariage est prohibé entre le frère et la sœur naturels ou légitimes et les alliés au même degré.

D'après l'art. 163, le mariage est prohibé entre l'oncle et la nièce, la tante et le neveu.

Mais l'article 164 du Code civil donne au chef de l'Etat le pouvoir de lever ces prohitions pour des causes graves.

De même l'art. 145 lui permet d'accorder des dispenses d'âge pour des motifs graves, la loi disposant que l'homme avant dix-huit ans révolus, la femme avant quinze ans révolus ne peuvent contracter mariage (art. 1441 C. civ.).

C'est au parquet du Tribunal de son domicile que doit s'adresser la partie qui sollicite des dispenses d'âge, de parenté ou d'alliance.

Les pièces exigées par la circulaire du 11 novembre 1875 sont, quand il s'agit de dispenses d'âge :

1o Une demande signée des futurs portant, premièrement, le consentement donné à la demande par les parents du requérant mineur ; secondement, le consentement des parents des futurs au mariage projeté ;

2o L'acte de naissance du futur ;

3o L'acte de naissance de la future ;

4o Un certificat du médecin constatant l'état de grossesse de la future.

Toutes les pièces doivent être sur timbre et légalisées.

Au cas de dispenses de parenté :

1o Une demande signée des futurs, au pied de laquelle les parents déclarent donner leur consentement au mariage projeté ;

2o L'acte de naissance du futur ;

3o L'acte de naissance de la future ;

4o L'acte de mariage des auteurs communs ;

5o L'acte de mariage des parents du neveu ou de la nièce.

Toutes les pièces doivent être sur timbre et légalisées.

Au cas de dispenses d'alliance :

1o Les trois premières pièces exigées pour les dispenses de parenté ;

2o L'acte de mariage qui a produit l'alliance ;

3o L'acte de décès du conjoint décédé ;

Toutes également sur timbre et légalisées.

Ces pièces sont remises au Procureur de la République qui constitue le dossier et le transmet avec son rapport et son avis motivé au Procureur général, qui, lui-même, le fait parvenir à la Chancellerie.

Lorsque le Chef de l'Etat a rendu le décret levant les prohibitions portées par la loi, le Président du Tribunal, sur la réquisition du ministère public (*arrêté du 20 prairial an XI*), ordonne la transcription au greffe des lettres patentes sur un registre *ad hoc*.

Il est délivré expédition à la partie tant de l'ordonnance du Président à l'effet de faire transcrire, que de la transcription elle-même.

Le Maire, avant de procéder au mariage, doit se faire représenter le décret du Chef de l'Etat et les deux expéditions ci-dessus, lesquelles demeurent annexées à l'acte de mariage.

Les droits à payer s'élèvent à 300 fr. 25 ; mais la Chancellerie peut faire remise entière ou partielle de ces droits aux parties à qui leur situation de fortune ne permet pas de payer cette somme considérable.

Lorsque les parties sont indigentes, non seulement elles sont dispensées d'acquitter ces droits, mais encore, en vertu de la loi du 10 décembre 1850, elles peuvent produire sur papier libre toutes les pièces qui doivent composer leur dossier.

SECTION VI

MEMENTO DES PIÈCES A PRODUIRE EN VUE DU MARIAGE

L'officier de l'état civil doit, avant de procéder au mariage, se faire remettre :

1º L'acte de naissance de chacun des futurs époux, si, bien entendu, ils ne sont pas nés dans la commune même où le mariage doit avoir lieu ;

2º Un acte notarié ou un acte dressé par le Maire, en conformité de la loi du 20 juin 1896, contenant le consentement des ascendants ou des parents, lorsqu'ils n'assistent pas en personne à la célébration ;

3º L'expédition authentique des dispenses d'âge, de parenté ou d'alliance, s'il en a été accordé (*voir le paragraphe précédent*) ;

4º Lorsque l'un des futurs a déjà été marié, l'acte de décès de son premier conjoint ;

5º Les certificats délivrés par les officiers publics des différentes communes où le projet de mariage a dû être publié, constatant, d'une part, que les publications ont été faites ; d'autre part, qu'il n'y a point d'oppositions ;

6º Les mainlevées des oppositions qui ont été formées ;

7º Un certificat délivré par le notaire devant lequel les futurs époux ont passé leur contrat de mariage ;

8ᵉ Un certificat constatant que le futur a satisfait à la loi de recrutement. Ce certificat n'est plus nécessaire quand le futur époux a quarante-huit ans accomplis (*art. 15 et 58 de la loi du 15 juillet 1889 sur le recrutement de l'armée*) ;

9° Lorsque l'un des époux est divorcé, l'expédition de la *transcription* du jugement de divorce, si le mariage n'a pas lieu dans la commune où a été célébré le premier mariage dissous par l'effet du divorce.

SECTION VII

DE LA TRANSCRIPTION DES ACTES DES MARIAGES CONTRACTÉS

PAR DES FRANÇAIS A L'ÉTRANGER

Les mariages contractés à l'étranger, soit entre Français, soit entre Français et étrangers, sont soumis à différentes conditions de formes, de publications et de capacité que nous laisserons de côté, pour ne parler ici que de la condition de transcription.

Le Français qui s'est marié à l'étranger doit, dans les trois mois de son retour en France, faire transcrire l'acte de célébration de son mariage sur le registre des mariages du lieu de son domicile.

Cette transcription n'est pas nécessaire :

1° Lorsque le Français s'est marié à l'étranger devant nos agents diplomatiques et selon les formes françaises (*art. 171 rapproché de l'art. 170*). Elle serait, en effet, superflue dans ce cas, puisque les agents diplomatiques sont tenus d'envoyer en France, à la fin de chaque année, l'un des doubles registres sur lesquels sont inscrits les actes de l'état civil lorsqu'ils sont reçus ;

2° Lorsqu'une femme française s'est mariée à l'étranger avec un étranger, l'article 171 ne lui est pas applicable ; car, par le fait de son mariage, elle a cessé d'être Française (art. 19 C. civ.).

Le délai de trois mois accordé pour faire la transcription n'est point un délai fatal : elle peut donc avoir lieu à quelque époque que ce soit, mais, après les trois mois, elle ne peut être opérée qu'en vertu d'un jugement. (*Déc. chanc. 5 germinal an XII*, GILLET, *n° 463 ;* DEMOLOMBE, *t. III, p. 359.*)

Si l'acte est en langue étrangère, il faut y joindre une traduction faite par un traducteur juré *sur timbre ;* l'acte original et la traduction sont paraphés par l'officier de l'état civil et les parties, puis annexés au registre des mariages.

Le défaut de transcription n'entraîne pas la nullité du mariage, mais cette formalité est nécessaire à un double point de vue, d'abord pour que le mariage rendu public produise tous ses effets vis-à-vis des tiers, et, en second lieu pour que la preuve en soit rapportée sans difficulté.

MODÈLE

DE TRANSCRIPTION D'UN MARIAGE CONTRACTÉ A L'ÉTRANGER

ENTRE FRANÇAIS ET ÉTRANGÈRE (SUISSE)

Extrait du registre des mariages de la commune de
, canton de,   , arrondᵗ de   ,
Etat de   .

*Le   mil huit cent   , ont été déclarés
unis par le mariage, en conformité de la loi, à   , commune
, canton   , arrondᵗ   , Etat   ,
(prénoms et nom de l'époux, domicilié à   , né à   ,
(indiquer son état civil exactement).*

*Et (prénoms et nom de l'épouse), domiciliée à   , née à
, (indiquer son état civil exactement).*

Pour extrait conforme,

L'officier de l'état civil,
(Date et signature.)

Ensuite sont les mentions suivantes :

*La signature ci-dessus de M   est certifiée véridique,
à   , le   .*

(Signé :) Le Préfet,

*La Chancellerie d'Etat certifie véridiques la signature et le sceau du
Préfet, à   , le   .*

(Signé :)

*Vu pour légalisation de la signature apposée ci-contre de M
, à   , le   .*

(Signé :) L'Ambassadeur de France, etc.

*Transcrit littéralement par nous, Maire, officier de l'état civil de la
commune de   , à la requête de M   , demeurant à   , le   mil huit cent quatre-vingt (avoir
soin de dater en toutes lettres), en conformité de l'art. 171 du Code
civil.*

Le requérant,   L'officier de l'état civil,
(Signature.)   (Signature.)

III

DES OMISSIONS OU ERREURS
CONTENUES AUX ACTES DE L'ÉTAT CIVIL

Les expéditions des actes de l'état civil doivent en être la reproduction fidèle et intégrale. Les erreurs ou omissions que ces actes renferment ne peuvent être rectifiées que par jugement.

Cette rectification peut être demandée 1° : lorsque l'acte n'énonce pas tous les faits qu'il doit contenir, par exemple, lorsqu'un acte de naissance n'indique pas le sexe de l'enfant, le jour et l'heure auxquels il est né, les noms des père et mère légitimes ; 2° lorsqu'il énonce des faits qui ne doivent pas être relatés, par exemple, lorsqu'on désigne le père adultérin ou incestueux ; 3° lorsqu'il contient des altérations faites après coup, ou de fausses désignations dans les *noms ou prénoms*.

Seules les personnes intéressées ont qualité pour demander les rectifications nécessaires. Le Procureur de la République ne peut point requérir lui-même ces rectifications, sauf dans certains cas : 1° lorsque la rectification intéresse l'ordre public, par exemple, lorsque l'acte relate une filiation *adultérine ou incestueuse,* ou lorsqu'un enfant est inscrit sous un sexe qui n'est pas le sien *(arrêt du Conseil d'Etat du 12 brumaire an XI)* ; 2° lorsqu'elle intéresse une famille indigente *(loi du 25 mars 1817, art. 75, 10 décembre 1850, art. 3)* ; 3° lorsque la déclaration prescrite par la loi des 1er juin, 2 et 10 juin 1850, relatives à la publicité des contrats de mariage, a été omise ou erronée.

En cas de mariage les erreurs d'orthographe ou omissions dans les noms ou prénoms soit des futurs époux dans leurs actes de naissance, soit des ascendants dans leurs actes de décès, ne donnent lieu, la plupart du temps, conformément à l'avis du Conseil d'Etat du 30 mars 1808, qui est *énonciatif* et non *limitatif* (voir ci-après), qu'à une simple *attestation d'identité,* avec ou sans serment, selon les cas, soit au moment même de la célébration du mariage, soit lors du consentement donné par les ascendants ou le tuteur *ad hoc* devant notaire, ou devant l'officier de l'état civil compétent (voir ci-dessus), sans qu'il soit besoin d'avoir recours à un jugement rectificatif.

FORMULE

Acte de consentement contenant en suite du consentement l'attestation de l'ascendant ou du tuteur *ad hoc* prévue par l'avis du Conseil d'Etat du 30 mars 1808, et relative soit à l'orthographe défectueuse du nom du futur dans son acte de naissance, soit à l'omission dans ledit acte d'un prénom de son père ou de sa mère, soit à l'omission d'un prénom dans l'acte de décès de ses parents.

*Par devant nous (prénoms, nom), maire et officier de l'etat civil de la commune da   , arrondissement de   ,
département de   .*

A comparu :

Monsieur (prénoms, nom, profession, domicile)

Connu de nous.

Lequel a, par ces présentes, déclaré consentir au mariage que Monsieur (prénoms, nom, profession, domicile), son fils (ou son petit-fils), se propose de contracter avec mademoiselle (ou madame) (prénoms, nom, profession, domicile).

Le comparant nous a ensuite attesté, conformément à l'avis du Conseil d'Etat du 30 mars 1808, etc. (Se référer à cette disposition, suivant les cas, et exiger le serment, s'il y a lieu.)

Dont acte,

Fait et passé en la mairie de

L'an mil huit cent quatre   , le

En présence de : 1° (prénoms, nom, profession), et 2° (prénoms, nom, profession), tous deux domiciliés dans cette commune, témoins instrumentaires soussignés.

Et lecture faite, le comparant a signé avec les témoins et l'officier de l'état civil requis.

(Suivent les signatures.)

L'avis de 1808 fait une distinction entre l'erreur commise dans l'acte de naissance du futur époux et l'erreur qui pourrait s'être glissée dans l'acte de décès d'un ascendant ; la seconde erreur doit seule être attestée sous serment. (Voir commentaire de la loi du 20 juin 1896, par MM. Grandjean et Glard.)

AVIS DU CONSEIL D'ÉTAT DU 30 MARS 1808

Le Conseil d'État est d'avis que dans le cas où le nom d'un des futurs ne serait pas orthographié dans son acte de naissance comme celui de son père, et dans celui où l'on aurait omis quelqu'un des prénoms de ses parents, le témoignage des pères et mères ou aïeux

assistant au mariage et attestant l'identité, doit suffire pour procéder
à la célébration du mariage ; — qu'il doit en être de même dans le
cas d'absence des pères et mères ou aïeux, s'ils attestent l'identité
dans leur consentement donné en la forme légale ; — qu'en cas de
décès des pères, mères ou aïeux, l'identité est valablement attestée,
pour les mineurs, par le conseil de famille ou par le tuteur *ad hoc* ; et
pour les majeurs, par les quatre témoins de l'acte de mariage ; —
qu'enfin, dans le cas où les omissions d'une lettre ou d'un prénom
se trouvent dans l'acte de décès des pères, mères ou aïeux, la déclaration à serment des personnes dont le consentement est nécessaire pour les mineurs, et celles des parties et des témoins pour
les majeurs, doivent aussi être suffisantes, sans qu'il soit nécessaire, dans tous les cas, de toucher aux registres de l'état civil, qui
ne peuvent jamais être rectifiés qu'en vertu d'un jugement. Les
formalités susdites ne sont exigibles que lors de l'acte de célébration, et non pour les publications, qui doivent toujours être faites
conformément aux notes remises par les parties aux officiers de
l'état civil. En aucun cas, conformément à l'article 100 du Code
civil, les déclarations faites par les parents ou témoins ne peuvent
nuire aux parties qui ne les ont point requises, et qui n'y ont point
concouru.

IV

SECTION I

COUT DES EXPÉDITIONS DES ACTES DE L'ÉTAT CIVIL

a) Actes de naissance ou de décès et publications de mariage 2 35

Ce prix se décompose ainsi :

Timbre . .	1 80
Emolument	0 30
Légalisation	0 25
	2 35

b) Actes de mariage, d'adoption et de divorce 2 65

Ce prix se décompose ainsi :

Timbre . .	1 80
Emolument.	0 60
Légalisation	0 25
	2 65

Les expéditions des actes de la première catégorie *a*) coûtent à
Paris 2 80

Ceux de la seconde catégorie *b*). 3 55

Dans les villes de 50 000 âmes et au-dessus (le coût des
expéditions des actes *a*) est de. 2 55

Celui des expéditions des [actes *b*) est de 3 05

La légalisation, vingt-cinq centimes, est comprise dans tous les
prix ci-dessus.

Les expéditions à produire pour la « Caisse nationale des retrai-
tes pour la vieillesse » doivent être délivrées sur *papier libre et
gratuitement (loi du 18 juin 1850, art. 24 de la loi du 20 juillet 1866)*.

Celles à produire pour les Caisses d'épargne, Caisses d'épargne
postales, sont dispensées également du timbre.

Celles délivrées pour mariages d'indigents (loi du 10 décembre
1850) et pour les « Sociétés de secours mutuels » *(loi du 15 juillet
1850, art. 9)* coûtent 30 centimes lorsqu'il n'y pas lieu à légalisation, et 50 centimes lorsque cette dernière formalité doit être ac-
complie. (Voir appendice, page 39).

Les extraits d'actes de l'état civil demandés en vue du service
militaire (exemptions, engagements) doivent être délivrés sur papier visé pour timbre gratis, mais le droit du greffier est de 85 centimes pour les actes de mariage, et pour les actes de naissance et de
décès, de 55 centimes *(Décision du 8 mars 1836)*. Ceux réclamés par
les Chefs de corps ne sont payés que 50 centimes, légalisation comprise *(Circulaires du 21 septembre 1837 et 27 septembre 1839)*.

Les extraits délivrés par les mairies pour le même objet le sont
sur papier libre et gratis, mais le Maire doit avoir soin de mentionner la destination spéciale de ces pièces *(Art. 16 de la loi du
13 brumaire an VII. — Circ. Min. Int. 5 juin 1872.)* La légalisation
doit elle-même en être gratuite, en vertu du principe général rap-
pelé ci-après. *(Voir : de la Légalisation.)*

Nota. — On peut obtenir dans les Greffes des Tribunaux expédition des annexes de l'état civil.

SECTION II

ENREGISTREMENT

Les reconnaissances d'enfants naturels faites autrement que par
actes de mariage sont passibles du droit fixe de 9 francs 38 ; les
légitimations de ces mêmes enfants par actes de mariage sont passibles du droit fixe de 3 francs 75.

Les actes contenant *reconnaissance* ou *légitimation* d'enfants naturels et les *transcriptions* des jugements de divorce doivent seuls
être enregistrés.

L'enregistrement en doit être requis sur la première expédition par l'officier de l'état civil qui la délivre et la relation de l'enregistrement doit être mentionnée par lui en marge de l'acte expédié.

Pendant longtemps on a enregistré aux droits de 9.38 et de 3.75 les actes de naissance en marge desquels étaient inscrites les mentions de reconnaissance ou de légitimation des enfants naturels ; mais ces actes ne sont plus soumis à l'enregistrement depuis une solution donnée par l'administration de l'enregistrement le 8 mai 1891. (Voir *Pratique des Affaires*, par Bégis.)

La première expédition de la transcription d'un jugement de divorce ou de l'acte de mariage, qui porte en marge la mention du divorce, est passible du droit fixe de 187 francs 50 ; s'il y a eu arrêt de la Cour d'appel, la transcription n'est pas enregistrée, le droit ayant été perçu lors de l'enregistrement de l'arrêt. (*Lois du 28 juillet 1884 et 18 avril 1886.*)

Rappelons que, quand l'époux divorcé veut contracter un nouveau mariage, c'est une expédition de la *transcription* du jugement de divorce et non de l'acte de mariage modifié par la mention marginale du divorce, qu'il doit rapporter. C'est cette première expédition qui donne ouverture au droit d'enregistrement de 187 fr. 50.

Si la partie qui requiert la première expédition d'un des actes ci-dessus est indigente, sur le vu du certificat d'indigence, cette première expédition, délivrée sur papier libre, est visée pour timbre et enregistrée gratis.

V

DE LA LÉGALISATION

Les signatures des maires et adjoints, agissant en qualité d'officiers de l'état civil, sont légalisées concurremment par les juges de paix des cantons et le Président du tribunal civil de l'arrondissement dans lequel se trouvent les communes.

Toutefois, lorsque les communes font partie du canton où se trouve situé le Tribunal d'arrondissement, seul le Président de ce Tribunal a qualité pour légaliser les signatures de leurs maires et adjoints, comme officiers de l'état civil.

Lorsque les maires et adjoints agissent en qualité de fonctionnaires de l'ordre administratif, c'est le Préfet ou le Sous-Préfet de l'arrondissement qui seul peut légaliser leurs signatures ; la légalisation est alors gratuite.

Celles des officiers ministériels, juges de paix, notaires, greffiers, etc., sont légalisées par le Président du Tribunal civil de l'arrondissement dans lequel ils exercent leurs fonctions. A cet effet les notaires, comme les maires et adjoints des communes, déposent leurs signatures au greffe de ce Tribunal.

Le prix uniforme est de 25 centimes par chaque légalisation.

En principe les actes rédigés sur *papier libre* doivent être légalisés gratuitement.

Les greffiers de justice de paix ne peuvent réclamer la rétribution de 25 centimes pour la légalisation des actes de l'état civil, si l'acte, la copie ou l'extrait sont dispensés du timbre. (*Loi du 2 mai 1861, art. 3.*)

La même règle est applicable aux greffiers des tribunaux de première instance, en vertu du principe général posé en l'art. 8, § 3, du décret du 24 mai 1854.

En général, la légalisation ne constitue pas l'authenticité des actes, elle n'en est que la preuve. Il n'en est pas de même des extraits des actes de l'état civil qui ne font foi, jusqu'à inscription de faux, que lorsqu'ils ont reçu cette formalité ; ici cette formalité est substantielle.

FORMULE

Vu par Nous, Président du Tribunal civil de première instance de l'arrondissement de   département de   pour légalisation de la signature de M.   apposée ci-dessus.

A   le

(Cachet)   (Signature)

VI

DE L'EXTRAIT DU CASIER JUDICIAIRE
OU BULLETIN No 2

En principe, toute personne a le droit de se faire délivrer un extrait de son casier judiciaire (circulaires du 14 août et du 6 décembre 1876).

Pour l'obtenir, il suffit d'en faire la demande, *sur papier libre*, au Procureur de la République près le Tribunal de l'arrondissement où l'on est né. La demande doit être faite par l'intéressé lui-même ; l'extrait du casier judiciaire présentant un caractère *absolument personnel*, il est interdit de le délivrer à d'autres personnes ; il constitue une véritable pièce d'identité.

De nombreux parquets exigent que la signature du pétitionnaire soit légalisée par le maire ou le commissaire de police de sa résidence, afin d'avoir une garantie de son identité. Il importe donc de ne pas omettre cette formalité, si l'on veut éviter tout retard dans la délivrance du bulletin nᵒ 2.

Modèle de la lettre à adresser au Procureur de la République :

DEMANDE DE CASIER JUDICIAIRE

le 189

Monsieur le Procureur de la République à (1)

J'ai l'honneur de vous prier de vouloir bien me faire délivrer un extrait de mon casier judiciaire pour (2)

inclus un mandat poste de fr. , au nom de M. le Greffier de votre Tribunal pour les frais.

Veuillez agréer, Monsieur le Procureur de la République, l'hommage de mon respect.

> (Signature)
> (Adresse)

ÉTAT CIVIL

Nom
Prénoms
né à   Arrondissement de
le
Prénoms du père
Nom et prénoms de la mère
> *(Écrire très lisiblement les renseignements ci-dessus.)*

> *Vu par nous (3)*
> *de la (4)   de*
> *pour légalisation de la signature de M*
> *apposée ci-dessus.*

(Ne pas oublier de faire légaliser la signature du pétitionnaire pour justifier de son identité.)

Il faut joindre à la lettre un mandat-poste de 1 fr. 40, soit 1 fr. 25 pour le coût de l'extrait de casier judiciaire, et 15 centimes pour l'envoi sous pli fermé.

---

(1) Chef-lieu de l'Arrondissement dans lequel est né le pétitionnaire.
(2) Indiquer si c'est pour *service militaire, emploi civil*, ou autre cause.
(3) Maire ou Commissaire de police.
(4) Ville ou commune.

Le prix de 1 fr. 25 se décompose ainsi :

Emolument pour le greffier	1 fr.	»
Enregistrement	»	25
Soit	1 fr. 25	

Les bulletins demandés pour le service militaire ne sont pas frappés des 25 centimes d'enregistrement. Ils coûtent donc 1 franc au lieu de 1 fr. 25. Voilà pourquoi il est nécessaire d'indiquer sur la demande le motif pour lequel on désire obtenir l'extrait de son casier judiciaire.

Les personnes nées aux colonies ou à l'étranger doivent adresser leur demande au Ministère de la justice à Paris (*casier central*) en joignant les mêmes sommes que pour les bulletins n° 2 demandés au parquet.

C'est au casier central que se trouvent également les casiers judiciaires des individus d'origine inconnue, des Français nés à l'étranger et des soldats de la légion étrangère.

Quant aux étrangers naturalisés, le classement des bulletins, qui leur sont applicables, se fait au greffe où leurs lettres de naturalisation ont été enregistrées.

L'Etat, les membres du parquet, juges d'instruction, présidents, présidents d'assises, commissaires du gouvernement, rapporteur au conseil de guerre, les adminstrations publiques, telles que départements ministériels de la guerre, de la marine, du commerce, etc., les juges-commissaires des faillites, les proviseurs pour les gens de service des lycées, les chefs de corps pour les militaires candidats gendarmes, les sociétés de secours mutuels obtiennent délivrance de bulletins moyennant 25 centimes, c'est-à-dire à titre de *renseignement administratif*.

Les bulletins n° 2 délivrés à l'autorité militaire, pour les conscrits, les ajournés, le sont moyennant 5 centimes s'ils sont négatifs et 15 centimes s'il y a condamnation ; ceux délivrés aux mairies, pour les listes électorales, le sont moyennant 15 centimes s'ils sont négatifs et 25 centimes s'ils sont affirmatifs.

Les bulletins pour le service du jury sont délivrés gratuitement.

Le bulletin n° 2 est une pièce qui contient :

1° L'en-tête du Tribunal de délivrance ;
2° Les nom, prénoms, surnoms de l'individu qu'il concerne ;
3° La date et le lieu de la naissance ;
4° Les noms et prénoms de ses père et mère ;
5° Son domicile ;

6o Son état civil et de famille ;

7o Sa profession ;

8o Le relevé des condamnations prononcées contre lui ;

9o La date de la délivrance.

Si l'intéressé n'a jamais été condamné, le bulletin no 2 porte la mention : « Néant. »

TABLEAU SYNOPTIQUE DES PRIX DES BULLETINS No 2

(Circulaire du 8 janvier 1890, et loi du 26 janvier 1892)

Bulletins délivrés au Ministere public (*Circul. du 6 Novembre 1850, § V*) . . 0.25

— délivrés aux Tribunaux de Commerce (*Circul. du 2 dec. 1882*) . . 0.25

BULLETINS DÉLIVRÉS AUX ADMINISTRATIONS PUBLIQUES

GUERRE

Elèves des écoles préparatoires (*Circul. du 6 dec. 1876, § XXVIII*). 0.25

Gendarmerie — Candidats (*Circul. du 15 nov. 1880, § XX*) 0.25

Société de protection des engagés volontaires élevés dans les maisons d'éducation correctionnelle (*Circul. du 25 fév. 1884*) 0.25

Jeunes soldats des classes) Par bulletin . . 0 15
(Etats nominatifs. —
Circul. du 17 avril 1885).) Pour le mot néant 0.05

Personnel civil employé dans les établissements militaires (*Circul. du 1er août 1887, § II*) 0.25

MARINE

Employés des établissements maritimes (*Circul. du 28 avail. 1875, § II*) 0.25

Elèves des écoles préparatoires (*Circul. du 6 déc. 1876, § XXVIII*). 0.25

Marins inscrits et levés pour le service de l'État (*Circul. du 24 oct. 1885*) 0 15

LYCÉES

Gens de service (*Circul. du 20 fev. 1878*) . . . 0.25

ADMINISTRATIONS PUBLIQUES DIVERSES

A titre de renseignement administratif (*Circul. du 4 juin 1851*) 0 25

Sociétés de secours mutuels (*Circul du 6 dec. 1876, § XXVII*) 0.25

Manufactures de l'État (*Circul. du 8 jan. 1890, § II*) 0 25

Revision des listes électorales (*Circul. du 8 jan. 1890, § III*)

Par bulletin affirmatif 0.25

Par bulletin négatif 0.15

DÉLIVRÉS AUX PARTICULIERS

Dans un intérêt privé (*Loi du 26 jan. 1892, art. 5*) 1.25

Pour service militaire (*Circul. du 30 nov. 1878, § X*) 1 00

DE LA RÉHABILITATION

La réhabilitation est la restitution d'état du condamné, son rétablissement dans les droits dont il avait été privé par la condamnation·

Elle a pour effet non seulement de faire cesser, pour l'avenir, toutes les incapacités qui résultaient de la condamnation, mais *d'effacer la condamnation elle-même* (art. 634).

C'est parce que la condamnation est elle-même effacée, comme elle l'est à la suite d'une amnistie, que la loi décide que les extraits du casier judiciaire ne doivent pas relever la condamnation. Celle-ci ne peut plus être prise en considération ni pour la récidive prévue par le Code pénal et donnant lieu à une aggravation de peine, ni pour la *récidive spéciale prévue par la loi de 1885 sur les récidivistes* et réprimée par la peine de la relégation.

Il y a deux sortes de réhabilitation : la réhabilitation commerciale que peut obtenir un failli, afin d'être relevé de certaines incapacités résultant du jugement déclaratif de faillite, et la réhabilitation pénale, la seule dont nous traiterons ici.

Le condamné à une peine criminelle ou correctionnelle doit, pour obtenir la réhabilitation, satisfaire à certaines conditions :

1º Avoir subi ou prescrit sa peine ou obtenu des lettres de grâce (C. inst. cr. art. 619, mod. loi 10 mars 1898.)

2º Avoir fait une sorte de stage de repentir.

Le condamné à une peine criminelle ne peut former sa demande que cinq ans après le jour de sa libération (ou après le jour où la condamnation est devenue irrévocable, s'il s'agit de la dégradation civique). — Le condamné à une peine correctionnelle ne peut former sa demande qu'après trois ans (art. 620).

Le premier doit avoir résidé dans le même arrondissement depuis cinq ans, et, pendant les deux dernières années, dans la même commune.

L'autre doit avoir résidé dans le même arrondissement depuis trois ans, et, pendant les deux dernières années, dans la même commune (art. 621).

La loi de 1885 permet d'affranchir de cette condition de résidence les condamnés qui ont passé tout ou partie de ce temps sous les drapeaux et ceux que leur profession oblige à des déplacements inconciliables avec une résidence fixe, pourvu qu'ils justifient, les premiers, d'attestations suffisantes de leurs chefs militaires, les seconds, de certificats de leurs patrons ou chefs d'administrations constatant leur bonne conduite (art. 621 *in fine*).

En cas de récidive légale, de prescription de la peine, ou lorsqu'il s'agit de réhabilités ayant encouru une nouvelle condamnation, les délais ci-dessus sont portés à six ou dix années, selon le cas, commençant à courir du jour de la libération ou de la prescription. (Loi du 10 mars 1898, art. 631. C. inst. cr. mod.)

3° Justifier, sauf le cas de prescription, du paiement des frais de justice, de l'amende et des dommages-intérêts, ou de la remise qui lui en a été faite, ou, à défaut, établir qu'il a subi le temps de contrainte par corps déterminé par la loi ou que la partie lésée a renoncé à ce moyen d'exécution.

C'est au Procureur de la République près le Tribunal de l'arrondissement dans lequel le condamné a son domicile que doit être adressée la demande en réhabilitation.

La requête doit être présentée sur une feuille de timbre à 60 centimes ; la signature du demandeur doit être légalisée par le maire de sa commune, et celle-ci doit l'être, à son tour, par le sous-préfet de l'arrondissement.

La requête doit contenir :

1° Les nom, prénoms et lieu de naissance du condamné ;
2° La date de la (ou des) condamnation ;
3° La prison où la peine a été subie ;
4° La date de la libération ;
5° Tous les lieux de résidence depuis sa libération.

A la requête doit être jointe la quittance (ou un duplicata obtenu à la recette des finances, moyennant 25 centimes) établissant que les frais de justice et l'amende ont été payés.

S'il y a eu condamnation à des dommages-intérêts, il doit être justifié également par une quittance que la partie lésée a été entièrement désintéressée.

MODÈLE DE LA DEMANDE EN RÉHABILITATION

Monsieur le Procureur de la République près le Tribunal civil séant à

Je soussigné (nom et prénoms) *domicilié à* (indiquer depuis combien de temps) *condamné par le Tribunal correctionnel ou la Cour d'assises de* le (indiquer la date exacte) *à la peine de* (indiquer la durée et la nature de la peine) *ai l'honneur de solliciter ma réhabilitation en conformité des articles 619 et 634 du code d'Instruction criminelle.*

J'ai subi ma peine à la prison de   *et j'ai été libéré le*
(indiquer la date)

Depuis cette époque j'ai résidé à   *pendant*
et à   *pendant*   *Dans ces divers endroits ma conduite n'a donné lieu à aucune plainte , ainsi qu'en font foi les différents certificats que je joins à ma demaude.*

J'ai acquitté les frais et l'amende auxquels j'ai été condamné, ainsi qu'il résulte des quittances également ci-jointes.

Dans l'espoir que ma requête sera favorablement accueillie, je vous prie d'agréer, Monsieur le Procureur de la République, l'expression de mes sentiments respectueux et dévoués.

       Signature qui doit être légalisée.

Sur cette requête, le Procureur de la République procède à une instruction préparatoire.

Il se fait délivrer une expédition du jugement ou de l'arrêt de condamnation, un extrait des registres des lieux de détention où la peine a été subie, constatant quelle a été la conduite du condamné. Il joint à ces pièces une expédition de l'acte de naissance au condamné et un extrait du casier judiciaire.

Il prend l'avis des juges de paix des cantons et celui des sous-préfets des arrondissements où le condamné a résidé (art. 624, C. inst. cr., d'après la loi de 1885).

Puis, il transmet la demande et toutes les pièces ci-dessus énumérées, avec *son avis*, au Procureur général (art. 625).

Autrefois, c'était le chef du pouvoir exécutif qui prononçait la réhabilitation ; depuis la loi de 1885, c'est la Cour d'appel qui est chargée de la décision définitive.

Le parquet se borne à instruire l'affaire et à transmettre les pièces au Procureur général, qui les fait déposer au greffe de la Cour.

Après avoir entendu le Procureur général et la partie elle-même ou son conseil (si elle le juge nécessaire), la Cour statue définitivement sur la demadde (art. 628, C. inst. cr. L. 1885).

Si la réhabilitation est prononcée, un extrait de l'arrêt est adressé par le Procureur général à la Cour ou au Tribunal qui a prononcé la condamnation pour être transcrit en marge de la minute de l'arrêt ou du jugement. Mention en est faite au casier judiciaire. Les extraits délivrés aux parties ne doivent pas relever la condamnation.

Le réhabilité peut se faire délivrer une expédition de la réhabilitation et un extrait du casier judiciaire sans frais (art. 633. L. 1885).

DES FORMALITÉS A REMPLIR

RECONSTITUTION DES TITRES PERDUS
OU DÉROBÉS

La loi du 15 juin 1872 dispose que le propriétaire de titres au porteur qui en est dépossédé par quelque événement que ce soit, peut les faire reconstituer, en remplissant certaines formalités.

Le porteur dépossédé doit tout d'abord notifier par huissier, à l'établissement débiteur, un acte indiquant le nombre, la nature, le numéro, et s'il y a lieu, la série des titres perdus, l'époque et le lieu où il a reçu les derniers intérêts et dividendes, les circonstances qui ont accompagné sa dépossession. Le même acte contiendra une élection de domicile dans la commune du siège de l'établissement. (Art. 2.)

Cette notification emporte opposition, et si l'opposition n'est pas contredite dans le délai d'un an, la reconstitution des titres perdus ou volés a lieu, si le propriétaire dépossédé en fait la demande.

Mais les dispositions de la loi de 1872 ne s'appliquent pas aux rentes sur l'Etat. On n'a pas voulu les y soumettre, parce que le Trésor, dans l'intérêt des porteurs, a multiplié le nombre des caisses où ils peuvent réclamer leur paiement et parce que, si les dispositions de la loi de 1872 leur avaient été étendues, l'Etat aurait eu à se préoccuper de la responsabilité lui incombant du fait de ses nombreux préposés.

Toutefois, il ne suit pas de là que les titres de rentes perdus ou détruits, ne puissent être reconstitués. La reconstitution peut s'effectuer, suivant les règles administratives spéciales à la matière et généralement peu connues.

Ces règles, les voici :

Pour les rentes nominatives, les titulaires dépossédés doivent produire, à la Direction de la Dette inscrite, une déclaration de perte, timbrée et enregistrée, faite devant le maire de leur domicile, en présence de deux témoins qui certifient l'identité du déclarant.

Cette déclaration de perte est transmise au chef du bureau central, qui frappe la rente d'une opposition administrative, dont l'effet est de suspendre le transfert ou le paiement.

Après examen de la déclaration, si rien n'y met obstacle, et si la perte semble bien réelle, le Directeur de la Dette inscrite fait prendre, par le Ministre, une décision de remplacement.

Tout remplacement ainsi autorisé donne lieu à un véritable transfert de forme.

L'ancien compte du grand Livre est crédité par le débit du compte nouveau qui est ouvert sous un numéro différent. Le Trésor remet ensuite au réclamant un extrait original de l'inscription de ce nouveau compte. C'est le titre qui remplace l'ancien.

Pour les Rentes mixtes, les formalités à accomplir sont les mêmes, mais la déclaration ne provoque, au bureau central, que l'opposition administrative du transfert.

Les coupons d'arrérages, étant au porteur, ne sont pas susceptibles d'opposition. Lorsque le titre est remplacé, le Trésor exige, pour les coupons nouveaux au porteur, un cautionnement en numéraire, ou en rente, suffisant pour garantir l'Etat contre la présentation de coupons anciens. La durée de ce nantissement varie suivant le nombre de coupons à garantir.

Pour les Rentes au porteur la procédure est un peu différente. Ici, il n'est pas exigé de déclaration de perte.

Il suffit d'adresser au Directeur de la dette inscrite une pétition exposant les circonstances qui ont amené la dépossession et sollicitant la délivrance d'un nouveau titre.

En principe, cette pétition ne vaut pas opposition, attendu que les Rentes au porteur n'en sont pas légalement susceptibles.

Toutefois, le Trésor consent, sans y être tenu, et en déclinant toute responsabilité, à prendre note de la demande, de manière à arrêter autant que possible le transfert ou le payement des coupons, la découverte du voleur s'il y en a un.

Si la demande du duplicata est admise, le porteur dépossédé est tout d'abord renvoyé devant l'agent judiciaire du Trésor, pour constituer un cautionnement. Ce cautionnement est égal à la valeur de la Rente augmentée de cinq ans d'arrérages ; il est constitué en Rentes.

Autrefois ce cautionnement était indéfiniment retenu ; c'était une condition très onéreuse pour les titulaires. On l'a améliorée dans la loi du 15 juin 1872. L'absence de réclamation contre l'Etat pendant vingt ans crée une telle présomption en faveur du porteur, qu'on peut, sans inconvénient, ordonner la restitution du cautionnement.

A partir de ce moment, le Trésor est libéré définitivement envers le porteur éventuel du titre primitif et si, par impossible, ce titre venait à reparaître, il ne conférerait qu'une action personnelle contre celui qui aurait obtenu la délivrance du duplicata.

A ces reconstitutions de titres perdus ou volés se rattache une autre opération qui se nomme le rétablissement des Rentes.

D'après les règlements du Trésor, toutes les fois que les arrérages d'un titre n'ont pas été réclamés depuis plus de cinq ans, le titre est frappé de déchéance dans son entier. On le fait sortir du compte ordinaire du grand Livre pour le classer à part sous la rubrique : « Rentes non réclamées. »

Lorsque le rentier veut toucher les arrérages courants, il doit en faire la demande au Directeur de la Dette inscrite et joindre à sa pétition un certificat de vie.

Une décision ministérielle intervient alors pour autoriser le rétablissement de l'inscription au compte ordinaire du grand Livre, et le paiement des arrérages non atteints par la prescription de cinq ans.

Toutes ces formalités se font au bureau central de la Dette inscrite.

Elles sont, comme on le voit, quand il s'agit de valeurs au porteur, très coûteuses et ne donnent que des résultats bien incomplets, malgré les progrès réalisés par la loi de 1872.

Le détenteur de valeurs au porteur ou autres titres mobiles dont la perte est possible en cas de vol, d'oubli, ou par suite d'un incendie ou autre catastrophe imprévue, fait donc acte de prudence en les mettant en lieu sûr, s'il le peut, sans cesser de pouvoir les utiliser, s'il a besoin d'y avoir recours. (Voir J. Miot. — Des formalités, etc).

La meilleure manière d'éviter le danger de dépossession ou de perte qui menace toujours et frappe journellement les porteurs de titres ou valeurs tels que : actions, billets de loterie, valeurs à lots, etc., etc., c'est de les déposer à la Banque de France, au Crédit Foncier, au Crédit Lyonnais ou dans des établissements financiers présentant des garanties sérieuses.

Il est bon de remarquer en passant que les droits de garde sont minimes et qu'on a de plus l'avantage d'y être crédité en compte courant du montant des coupons dès leur échéance.

Les sommes provenant des coupons échus deviennent ainsi

elles-mêmes productives d'intérêts jusqu'au jour du retrait.

Il y a, en outre, une observation bien simple à faire à l'appui de ce système de sauvegarde : c'est que, par suite d'une imprudente confidence ou de propos indiscrets d'un tiers, d'un ami même, dans les petites localités surtout, les personnes qui conservent chez elles leurs épargnes, se trouvent dénoncées aux investigations des jaloux, désignées aux agressions des voleurs, des assassins même trop souvent. Les exemples en sont trop fréquents; qu'on se rappelle seulement le vol de trente mille francs de titres commis tout récemment encore par d'audacieux escrocs, au préjudice d'un Sénonais, et qui a été renouvelé dans des conditions à peu près identiques, à quelque temps d'intervalle, dans une localité des environs de Paris ! ! !... Comment donc hésite-t-on à prendre les précautions nécessaires pour se soustraire à de si grands dangers ?

Le Crédit Lyonnais a, du reste, depuis longtemps déjà inauguré un système très pratique et très commode : il met, moyennant une faible redevance, à la disposition du public, des coffres-forts où les porteurs de titres peuvent déposer leurs valeurs, tout en restant libres d'en disposer quand bon leur semble.

Cette mesure, généralisée aujourd'hui, a été très favorablement accueillie dès l'origine, aussi bien par les particuliers que par les spéculateurs à qui il est indispensable d'avoir à tout instant leurs titres ou valeurs sous la main, et l'on ne saurait trop la préconiser, comme un moyen aussi simple que peu coûteux de mettre son portefeuille en lieu sûr et d'éviter ainsi toute chance de perte.

APPENDICE

A Paris et dans beaucoup de grands centres, les indigents, inca-
pables de faire face aux frais occasionnés par les formalités à
remplir en vue du mariage, peuvent obtenir l'accomplissement de
ces formalités sans avoir rien à débourser, en s'adressant à l'une
des nombreuses sociétés fondées dans le but de faciliter le mariage,
et qui se chargent de tous les frais dans les conditions prévues par
la loi du 10 décembre 1850. Parmi ces sociétés nous citerons no-
tamment celle de Saint-François-Régis dont le siège social est à
Paris, rue Servandoni, 20.

Ces œuvres des mariages pauvres, dues à une idée des plus
généreuses, à la plus louable sollicitude envers les déshérités,
tendent à exercer, par la multiplication des unions légitimes, une
action essentiellement moralisatrice. Venant en aide de la façon la
plus efficace au législateur de 1896, elles répondent victorieusement
à cette vieille objection, que le mariage est entouré de formalités
trop difficiles et trop coûteuses, et par les facilités qu'elles y
apportent, elles rendent chaque jour de précieux services.

TABLE DES MATIÈRES

SENS, IMP. DUCHEMIN

SENS (YONNE)

IMPRIMERIE DE P. DUCHEMIN

www.ingramcontent.com/pod-product-compliance
Lightning Source LLC
Chambersburg PA
CBHW060750280326
41934CB00010B/2426